SOCIÉTÉ D'ÉTUDES LEGISLATIVES

RAPPORT

sur

L'adaptation à la législation française relative au contrat de travail de certaines dispositions de la législation locale maintenues provisoirement en vigueur dans les départements du Haut-Rhin, du Bas-Rhin et de la Moselle

présenté au nom de la Commission

PAR

M. Eugène PETIT

MAITRE DES REQUÊTES AU CONSEIL D'ÉTAT

Extrait du Bulletin de la Société d'Etudes législatives

PARIS

ROUSSEAU & CIE, Editeurs de la Société

14, RUE SOUFFLOT, ET RUE TOULLIER, 13

—

1927

SOCIÉTÉ D'ÉTUDES LEGISLATIVES

RAPPORT

sur

L'adaptation à la législation française relative au contrat de travail de certaines dispositions de la législation locale maintenues provisoirement en vigueur dans les départements du Haut-Rhin, du Bas-Rhin et de la Moselle

présenté au nom de la Commission

PAR

M. Eugène PETIT

MAITRE DES REQUÊTES AU CONSEIL D'ÉTAT

Extrait du Bulletin de la Société d'Etudes législatives

PARIS

ROUSSEAU & CIE, Editeurs de la Société

14, RUE SOUFFLOT, ET RUE TOULLIER, 13

1927

RAPPORT

Sur l'adaptation à la législation française
relative au contrat de travail de certaines dispositions
de la législation locale
maintenues provisoirement en vigueur
dans les départements
du Haut-Rhin, du Bas-Rhin et de la Moselle
présenté au nom de la Commission

PAR

M. Eugène PETIT

Maître des Requêtes au Conseil d'Etat

Parmi les nombreux problèmes d'ordre législatif qu'a posés le retour de l'Alsace et de la Lorraine à la France, la Société d'Etudes législatives a jugé que l'heure était venue d'aborder ceux qui concernent le contrat de travail et de rechercher, après examen des deux législations encore juxtaposées, le moyen de mettre fin à leur coexistence provisoire par l'adoption de textes de loi nouveaux.

Depuis la loi du 17 octobre 1919 relative au régime transitoire de l'Alsace et de la Lorraine, qui maintenait temporairement les dispositions législatives et réglementaires en vigueur, sont intervenues nombre de lois introductives de la législation française.

C'est ainsi qu'une première loi du 1er juin 1924 a introduit dans les départements recouvrés l'ensemble de la législation civile française, notamment le Code civil et certains des articles du Livre I du Code du Travail. Mais l'article 2, 5° de cette loi excepte de cette introduction toute une série de nos lois ouvrières les plus importantes ; réciproquement l'article 7 énumère une série de lois locales qui continueront d'être provisoirement applicables.

Une seconde loi du 1er juin 1924 portant introduction des lois commerciales, n'a procédé à cette introduction qu'avec des restrictions analogues.

Sans qu'il soit besoin d'entrer dans le détail de ces restrictions, on concevra la multiplicité et l'enchevêtrement des dispositions législatives ou réglementaires, les unes françaises, les autres allemandes actuellement applicables, dans les trois départements recouvrés, en matière de contrat de travail, si l'on songe qu'elles se rattachent à huit lois ou codes différents : 1º le Code civil français ; 2º le Code du travail français ; 3º le Code civil local (Bürgerliches Gesetzbuch) ; 4º le Code industriel local (Gewerbeordnung) ; 5º le Code de commerce local ; 6º la loi d'Alsace-Lorraine du 23 juillet 1903 concernant les domestiques (Gesindeordnung) ; 7º la loi d'Alsace-Lorraine sur les mines, du 16 décembre 1873 ; 8º la loi allemande du 20 mai 1898 sur les rapports de droit privé concernant la navigation intérieure.

Bien qu'une loi du 24 juillet 1921 prévoit et règle les conflits entre la loi française et la loi locale en matière de droit privé, on ne peut s'en tenir à cette solution d'attente ; il faut supprimer ces conflits dans leur cause même en ramenant cette législation hétérogène et touffue à l'unité et à la simplicité.

La tâche est aussi facile à concevoir en son principe que délicate à exécuter.

Il ne saurait être question de décréter sommairement que toutes les dispositions des lois locales réglementant le contrat de travail sont abrogées et que, désormais, s'appliqueront seuls notre Code civil et notre Code du travail. Ce serait bouleverser des habitudes invétérées, des usages profondément entrés dans les mœurs, alors que des changements brusques sont particulièrement à redouter dans le domaine de la législation ouvrière : ils peuvent engendrer de graves malaises économiques et des troubles sociaux. De plus, s'agissant de l'Alsace et de la Lorraine, toute précipitation téméraire dans le sens de l'assimilation risquerait de provoquer de dangereuses perturbations : de récentes et funestes expériences en d'autres domaines ont démontré que cette assimilation nécessaire ne peut être que le fruit d'une longue patience. Enfin, c'est un lieu commun parce que c'est une évidente vérité, qu'en nombre de ses dispositions la législation sociale et ouvrière provisoirement laissée en vigueur dans les trois départements recouvrés est supérieure à la nôtre ; notre intérêt bien entendu nous invite donc à examiner une à une ces dispositions pour en retenir ce qui paraîtra pouvoir être incorporé à nos codes.

Tel est l'esprit dans lequel votre Commission a entrepris sa tâche ; elle se trouvait en cela d'accord avec le double principe qu'en 1920 le Gouvernement rappelait en ces termes dans l'exposé des motifs de l'un des projets de loi concernant l'Alsace et la Lorraine : « Conserver de la loi locale tout ce par quoi elle se révèle supérieure à la loi française ou simplement plus conforme aux idées modernes ; introduire la législation française chaque fois que cette supériorité ou cette tendance ne se révèle pas » [1].

La commission permanente du Conseil Supérieur du Travail qui,

[1] Exposé des motifs du projet de loi sur l'exercice de la profession d'avocat et la discipline du barreau en Alsace et en Lorraine présenté par M. A. Millerand, président du Conseil et ministre des affaires étrangères, le 31 juillet 1920 ; ce projet est devenu la loi du 20 février 1922 (D. 1902, 4, 333).

avant votre Commission, avait abordé la même étude, semble avoir
été animée d'un esprit différent. On lit en effet dans le rapport présenté en son nom à ce Conseil : « La Commission permanente a estimé
qu'elle avait d'abord à se prononcer sur le principe même de l'introduction dans notre Code du travail des dispositions inscrites dans les
codes d'Alsace et de Lorraine ; cette introduction a été repoussée
à l'unanimité » [1]. Mais le Conseil Supérieur du Travail, dans sa
séance du 18 novembre 1925, a émis le vœu suivant, d'inspiration
beaucoup moins intransigeante : « Le Conseil Supérieur émet le vœu
que la législation française relative au contrat individuel de travail
doit être appliquée aux départements du Bas-Rhin, du Haut-Rhin
et de la Moselle, en considérant toutefois que les dispositions inscrites
dans les lois en vigueur dans ces départements soient conservées à
titre de coutumes et usages locaux. Mais il estime que, la législation
française actuelle ne répondant plus complètement aux aspirations
du travail, il convient au préalable d'y faire entrer un certain nombre
de réformes déjà en vigueur dans les trois départements recouvrés
et dans la plupart des pays étrangers et dont les avantages auraient
été démontrés par l'expérience » [2].

Puisqu'il s'agit de confronter et d'amalgamer deux législations
existantes et non de rechercher ce que pourrait être la meilleure des
législations possibles en matière de contrat de travail, la discussion
qui s'offre à vous n'a pas paru à votre Commission comporter un
débat doctrinal préliminaire tel que celui qui s'institua, voilà quelque
vingt ans, lorsque vous avez une première fois délibéré sur ce même
contrat. Vous vous proposiez alors de fixer les principes mêmes du
contrat de travail en textes généraux destinés à prendre place dans
le Code civil ; vous avez en conséquence écarté de votre recherche
les dispositions d'application. Après ce vaste examen d'ensemble,
c'est aujourd'hui une étude de détail qu'il convient de commencer,
étude bien plus modeste, mais qui, pour minutieuse qu'elle soit, n'est
pas indigne de votre attention : elle a un grand intérêt pratique et,
pour les raisons que j'ai seulement indiquées, elle a même, en quelque
mesure, un intérêt national. Il va de soi que votre Commission, soucieuse d'assurer la continuité et l'unité de vos travaux, n'a pas manqué de se reporter à vos délibérations des années 1904 à 1906 et de
s'inspirer des rapports très approfondis qui furent alors présentés
et discutés.

Parmi les nombreuses questions que suggère, en notre matière,
la comparaison de la législation française et de la législation locale,
votre Commission a dû borner son étude à celles qui lui ont paru être,
pratiquement, les plus importantes.

Son choix a été grandement facilité par l'enquête que, le 30 mars

[1] Rapport sur la modification des dispositions du Code du Travail relatives
au contrat individuel, présenté par M. Borderel.

[2] *Journal officiel* du 19 novembre 1925.

1925, le Ministre du travail ouvrait « sur un projet de modification des dispositions du Code du travail relatives au contrat de travail », auprès des Chambres de commerce, des groupements patronaux et ouvriers et des Conseils de prud'hommes. 260 réponses motivées ont fait connaître l'opinion des corps et organisations ainsi consultés sur l'opportunité d'introduire dans la législation française certaines dispositions des lois locales ou des modifications qui s'en inspirent. Les avis recueillis sont précieux en ce qu'ils émanent de praticiens bien placés pour apprécier la valeur positive, la portée réelle de mesures législatives dont ils auront, plus ou moins directement, à bénéficier ou à pâtir. Votre Commission n'a pas omis d'en prendre connaissance, comme aussi des conclusions du Conseil Supérieur du Travail, qui a été saisi des résultats de cette enquête.

Il est intéressant de noter que, si l'on considère l'ensemble des 260 réponses reçues, les cas où s'exprime l'opinion qu'il n'y a lieu de faire place dans nos lois à aucune des dispositions de la législation locale sont extrêmement rares : 25 réponses seulement sont ainsi négatives sur tous les points.

En définitive les questions que votre Commission a cru devoir retenir et sur lesquelles elle vous propose des solutions, en forme de projets de textes législatifs, se rapportent aux matières suivantes : 1º *durée du contrat de travail* ; 2º *clause de non-concurrence* ; 3º *débauchage* ; 4º *délai-congé* ; 5º *règlement d'atelier et amendes*. Elle a ainsi épuisé la presque totalité [1] du questionnaire officiel dressé par le ministre du Travail.

I. — Durée du contrat de travail

La première question est ainsi formulée par ce questionnaire :

« *Est-il opportun d'introduire dans le Code du Travail une disposition permettant à l'employé de rompre au bout de cinq ans le contrat conclu pour une durée supérieure ? Dans ce cas, à quelles conditions (délai-congé, dédit, etc...) cette faculté peut-elle être subordonnée ?* ».

Le libellé même de cette question indique qu'elle ne peut se poser que pour le contrat de travail à durée déterminée.

Les textes de notre législation relatifs à la durée du contrat de travail sont :

1º L'art. 1780, § 1er, du Code civil, qui est en même temps l'art. 20 du L. I, tit. II du Code du Travail : « On ne peut engager ses services qu'à temps ou pour une entreprise déterminée ». Précisant encore le sens de cette disposition, le projet du Code civil la complétait par ces mots : « et non pour la vie », qui furent supprimés comme superflus.

---

[1] Hormis deux questions très spéciales et relatives l'une aux soins médicaux à fournir par l'employeur à l'employé malade, l'autre aux appointements de l'employé de commerce victime d'un accident du travail.

2º L'art. 21 du L. I, tit. II du Code du Travail : « La durée du louage de services est, sauf preuve d'une convention contraire, réglée suivant l'usage des lieux ».

3º L'art. 22 du L. I, tit. II du même code : « L'engagement d'un ouvrier ne peut excéder un an, à moins qu'il ne soit contremaître, conducteur des autres ouvriers ou qu'il n'ait un traitement et des conditions stipulées par un acte exprès ». Cette disposition, empruntée sans changement à la vieille loi du 22 germinal an XI relative aux manufactures, fabriques et ateliers, n'interdit pas aux ouvriers proprement dits (c'est-à-dire autres que les contremaîtres, surveillants, etc...) de s'engager pour plus d'un an : elle leur défend seulement de le faire par engagement verbal ; ils demeurent libres de le faire par engagement écrit, et cela sans autre limitation, quant à la durée, que celle qui résulte de l'art. 20.

De ces trois textes, — les seuls de notre législation qui soient relatifs à la durée du contrat de travail individuel, — il est intéressant de rapprocher celui qui, sur le même point, régit la convention collective de travail ; c'est l'art. 31 g du L. I, tit.II du Code du Travail, ainsi conçu : « Lorsque la convention collective de travail est conclue pour une durée déterminée, cette durée ne peut être supérieure à cinq années ».

En regard de ces dispositions de la loi française, l'art. 624 du Code civil allemand, — article maintenu en vigueur dans les trois départements recouvrés, — porté : « Lorsque le rapport de services (Dienstverhältnisz) est passé pour la durée de la vie d'une personne ou pour plus de cinq ans, il peut être dénoncé par l'obligé après l'expiration de cinq ans. Le délai de dénonciation est de six mois ».

Interrogées par le ministre du travail sur les mérites respectifs de ces deux législations, les Chambres de commerce et les organisations patronales se sont prononcées en majorité contre la faculté donnée au salarié de rompre au bout de cinq ans le contrat de travail de plus longue durée ; les Conseils de prud'hommes se sont en majorité prononcés pour ; les organisations ouvrières, les unes pour, les autres contre en nombre égal.

Les arguments produits contre cette réforme peuvent se résumer ainsi : les contrats de travail conclus pour plus de cinq ans sont, dans certaines régions, inconnus ou exceptionnels, c'est-à-dire ne visent que des emplois supérieurs ; ils sont parfois nécessaires pour l'organisation d'une entreprise de longue durée ; les deux parties les étudient sérieusement avant de les signer. Le recours aux tribunaux suffit pour écarter les contrats léonins.

En sens inverse l'on soutient qu'il est impossible de s'engager pour plus de cinq ans en toute connaissance de cause, les circonstances et notamment le coût de la vie pouvant, sur une aussi longue période, varier du tout au tout ; les articles 20 et 21 du Code du Travail sont donc insuffisants. Il convient (c'est la solution la plus fréquemment proposée au cours de l'enquête) de reconnaître aux deux parties la faculté réciproque de rompre le contrat au bout d'une durée qui ne saurait dépasser cinq années.

La Commission permanente du Conseil supérieur du Travail a conclu au maintien pur et simple de la législation française actuelle, en s'appropriant les motifs en faveur du *statu quo* recueillis au cours de l'enquête.

Votre Commission a estimé qu'il convenait de rechercher tout d'abord la portée exacte que la jurisprudence a donnée à cette législation.

L'idée générale dont le législateur du Code civil et nos juges après lui se sont inspirés, est formulée au Dalloz en ces termes qui, pour être pompeux, n'en sont pas moins justes : « La loi, protégeant la liberté naturelle de l'homme contre de téméraires engagements, lui défend de louer ses services pour toute la durée de sa vie ». Il reste à vérifier si, par cela seul qu'elle a, le 17 mars 1804, prohibé le contrat de travail à vie, notre loi a suffisamment et pour toujours assuré cette protection.

Le texte formel et précis de l'art. 1780, § 1er, C. civ. ne laisse à l'interprétation qu'un jeu très limité : du moment que l'engagement n'est pas à vie, du moment qu'il a une durée déterminée, quelle qu'elle soit, mais moindre que la vie de celui qui promet son travail, — ou du moment qu'il s'engage pour une entreprise déterminée, si longue qu'en puisse être l'exécution, le juge est tenu, bon gré mal gré, d'admettre la validité du contrat. Tout au plus, si les circonstances de la cause rendent quasiment certain que la durée du contrat équivaut à ce qui reste au travailleur de temps à vivre, le juge pourra-t-il, préférant l'esprit à la lettre de l'art. 1780, déclarer le contrat nul [1].

La Cour de Lyon, dans un vieil arrêt du 4 mai 1865, avait cru pouvoir aller plus loin et annuler l'engagement d'une servante qui s'était obligée à « donner tout son temps et à consacrer sa vie aux soins exigés par l'âge et l'état de maladie » d'une vieille dame. Mais cette décision fut critiquée comme exagérant la portée de l'art. 1780, l'engagement ayant été pris en réalité pour la durée de la vie de la maîtresse et non de la servante.

La latitude laissée au juge n'est pas plus grande lorsqu'il s'agit d'un contrat de travail pour la durée d'une « entreprise déterminée » : il est tenu de valider le contrat du moment que la durée de l'entreprise se trouve être directement ou indirectement limitée [2].

Il est un cas pourtant auquel la jurisprudence étend, par analogie, l'application de l'art. 1780 : c'est celui de l'engagement de services pour une durée indéterminée, prévoyant en cas de résiliation unilatérale un dédit tellement considérable, que celui qui a promis ses services se trouve, en fait, engagé à perpétuité.

Quant à la sanction de l'art. 1780, c'est, on le sait, la nullité absolue :

---

[1] En ce sens, Cass. req., 15 janvier 1890, D. 91, 1, 30.
[2] Cour de Paris, 19 décembre 1866, D. 68, 2, 156.

l'une ou l'autre des deux parties pourra donc exiger l'annulation quand bon lui semblera ; et quelque préjudice qu'en puisse éprouver son cocontractant, elle ne sera, du chef de cette rupture, tenue à aucuns dommages-intérêts [1].

L'interprétation de l'art. 22 du L. I, t. II du Code du Travail n'est pas moins étroitement circonscrite par les termes précis du texte. Il n'y a divergence que sur le point de savoir si la nullité qui sanctionne l'engagement verbal pris par l'ouvrier pour plus d'un an est absolue ou relative [2].

Cet examen sommaire de la jurisprudence nous permet de constater que le régime en vigueur concernant la durée du contrat de travail se résume ainsi : d'une part, pour l'ouvrier *stricto sensu*, une disposition spéciale, l'art. 22, très ancienne (1803), très stricte en apparence, mais en fait inopérante, le cas de l'ouvrier qui, par simple engagement verbal, se lie pour une durée déterminée supérieure à un an, ne se rencontrant guère dans la pratique [3]. D'autre part, une dispostion générale, l'art. 1780, § 1er C. civ. (ou art. 20 C. Trav.), à peine moins ancienne (1804), édictée au lendemain d'une époque où les contrats de travail se concluaient pour une très longue durée, voire pour la vie [4], et qui évoque le souvenir de vestiges du servage alors présents à la mémoire des hommes, aujourd'hui tombés dans l'oubli. Nous sommes donc en présence de deux dispositions surannées, dont l'une en fait est lettre morte et dont l'autre est une application de la méthode du « tout ou rien » : si le contrat est à vie, nullité absolue ; s'il n'est pas à vie, serait-il d'une durée démesurée, validité absolue, impossibilité pour celui qui a loué son travail de se dégager.

Votre Commission estime que ce n'est pas là un régime satisfaisant ; car, faute d'une disposition moyenne, c'est-à-dire envisageant une durée intermédiaire entre un temps très court et la durée de toute une vie humaine, il manque en partie son but, qui est de protéger le travailleur contre des engagements imprudents compromettant sa liberté même ou lésant gravement ses intérêts. Il y aurait donc lieu de lui permettre, par une disposition expresse de la loi, de se dégager, au bout d'un certain nombre d'années, du contrat qui le lie pour une durée excédant ce nombre d'années.

Sans doute, en juin 1904, M. Perreau vous proposait, au nom de votre Commission du contrat de travail, le maintien pur et simple du texte de l'art. 1780, § 1er, « laissant, — disait-il, — à la jurisprudence et à la doctrine le soin d'en tirer, en tenant compte des circons-

---

[1] Bordeaux, 6 avril 1909, D. Rép. prat., v° *Louage d'ouvrage*, n° 125.

[2] Rapport Groussier, dans D. 1911, 4, 106 ; Baudry=Lacantinerie et Wahl, t. II, p. 201 ; Flurer, *Revue critique*, 1889, p. 312.

[3] Ce texte n'a d'ailleurs été inséré au Code du Travail que parce qu'il se trouve n'avoir jamais été abrogé.

[4] Note de M. Demogue, dans le *Bulletin de la Société d'Etudes législatives*, 1907, p. 218.

tances de fait, les conséquences juridiques qu'il comporte » [1]. Mais nous venons de voir que, très à l'étroit dans ce texte, elles n'en ont pu tirer plus que ce que le législateur de 1804 y avait mis. De plus le projet qui vous était proposé en 1904 comportait un article 11 ainsi conçu : « Doit être considérée comme illicite toute clause du contrat de travail par laquelle l'une des parties a abusé du besoin, de la légéreté ou de l'inexpérience de l'autre, pour lui imposer des conditions en désaccord choquant avec les conditions habituelles de la profession et de la région » [2]. Si ce texte était devenu loi, l'on pourrait admettre qu'il autorise le juge à annuler un contrat de travail dont la durée, témérairement consentie par le travailleur, en vient à le léser gravement et injustement. Mais il n'a pas été adopté par le législateur, ni aucun autre analogue. Quant à la jurisprudence en matière d'annulation du contrat de travail pour vice de consentement, c'est précisément son insuffisance qui avait déterminé en 1904 votre Commission à proposer l'article 11 de son projet ; vous savez en effet que, depuis très longtemps, la Cour de cassation se refuse à sanctionner des sentences de Conseils de prud'hommes annulant pour cause de vice du consentement un contrat de travail que l'ouvrier prétend avoir conclu sous l'empire d'une contrainte morale, telle que, par exemple, la misère [3].

L'on pourrait songer à reprendre purement et simplement cet article 11, qui est votre œuvre et que le projet gouvernemental de 1906 s'était approprié. Mais c'est une disposition de caractère général et de portée très étendue : il est à craindre que cette généralité même n'en rende l'adoption plus difficile à obtenir du Parlement, que celle d'une disposition spéciale et restreinte. De plus elle met à la charge de celui qui veut s'en prévaloir, une ou plusieurs preuves qui peuvent être difficiles à faire. Mieux vaut, semble-t-il, dans le cas qui nous occupe, admettre forfaitairement qu'un contrat de travail conclu pour plus de cinq ans est de nature à léser, en raison de cette durée même, la liberté du travailleur : cela coupe court à toute discussion et à d'inutiles procès.

On objecte que peu d'ouvriers s'engagent pour plus de cinq années. Mais le contrat de travail n'est pas fait pour les seuls ouvriers : il intéresse tous ceux qui vivent de leur travail. Or, — pour ne prendre qu'un exemple, — le marchand de tableaux qui remarque un jeune peintre de talent peut vouloir s'assurer pour une longue période le bénéfice exclusif de son travail en lui faisant signer un contrat qui, au début, pourra sembler avantageux au jeune artiste, sauf à devenir ensuite désastreux pour lui s'il a eu l'imprudence de se lier pour un

---

[1] *Bulletin de la Société d'Etudes législatives*, 1905, p. 508.

[2] Même *Bulletin*, 1906, p. 507. Le projet de loi Sarrien-Doumergue, du 2 juillet 1906, reproduisait textuellement cette disposition en y ajoutant, *in fine* : « ou avec la valeur ou l'importance des services engagés ».

[3] Cass., 12 décembre 1853, D. 54, 1, 20.

trop longtemps. L'hypothèse n'est pas théorique : le 15 juin 1925 la Cour d'appel de Paris a eu précisément à statuer sur un contrat de ce genre [1] ; elle a pu l'annuler parce que le marchand, allant un peu trop loin, avait lié l'artiste par une convention de durée illimitée ; si, plus habile, il se fût contenté de 15 ou 20 ans, l'annulation eût été impossible.

L'utilité d'un texte de loi coupant court à de tels abus apparaît surtout à une époque d'instabilité économique telle que la nôtre : il faut redouter que l'employeur ne cherche, dans l'instabilité générale, à s'assurer, aux dépens de celui qu'il emploie, une stabilité particulière [2].

Aussi bien, en matière de conventions collectives de travail, votre Commission du travail vous a-t-elle, en 1906, sur le rapport de M. le président Colson, proposé un texte depuis lors passé dans la loi du 25 mars 1919 et devenu l'art. 31 g, précité, du L. I, tit. II du Code du Travail : il borne impérativement à cinq ans [3] la durée de la convention collective de durée déterminée ; l'art. 31 i ajoute même que, lorsque cette convention est conclue pour la durée d'une entreprise, « si cette entreprise n'est pas terminée dans une période de cinq années, cette convention est considérée comme conclue pour cette dernière durée ». Vous avez donc jugé, — et c'était en un temps de stabilité économique relative, — qu'il était prudent et équitable de réserver aux participants à une telle convention la faculté de recouvrer leur liberté au bout de cinq ans. J'entends bien qu'intervient, en cas de convention collective, une raison particulière : la multiplicité de ces participants et la complexité des intérêts engagés. Par contre, la convention collective offrant aux travailleurs groupés des garanties particulières, il y a lieu, à plus forte raison, d'assurer la même faculté au travailleur qui contracte isolément et est moins apte à se défendre contre un contrat de travail dangereux par sa durée exagérée. Ce faisant, nous demeurons fidèles à l'idée que M. le président Millerand exprimait, dans votre séance du 24 janvier 1906, lorsqu'il demandait que le législateur « intervint pour rétablir, autant qu'il dépend de lui et dans des limites acceptables, l'équité violée ».

Il a semblé à votre Commission que cette équité exigeait que, dans le contrat individuel comme dans la convention collective, la faculté de mettre fin au contrat fût réciproque : l'employeur comme l'employé peut légitimement prétendre qu'il n'a pu s'engager en pleine connaissance de cause pour plus de cinq années. C'est là une différence

---

[1] DALLOZ, *Recueil hebdomadaire*, 1925, p. 635.

[2] Le législateur, dans la loi du 30 juin 1926, dite « sur la propriété commerciale », vient d'admettre la révision triennale du chiffre du loyer dans les baux de locaux à usage commercial ou industriel conclus en renouvellement de baux antérieurs.

[3] L'art. III de l'avant-projet de la sous-commission disait même : 3 ans (v. *Bull. Société d'Études législ.*, 1906, p. 525 et s.).

notable avec la disposition de l'art. 624 du C. civ. allemand, qui réserve à l'employé le droit de rompre le contrat.

D'autre part si, moyennant un préavis de six mois, l'exercice de la faculté de résiliation, simple usage d'un droit, ne peut donner lieu à indemnité, il faut prévoir le cas de mauvaise foi, tout au moins lorsqu'il s'agit d'un contrat conclu en vue d'une entreprise déterminée : l'une des deux parties pourrait, au risque de nuire à l'entreprise ou de la compromettre, rompre le contrat prématurément ou à contre-temps. Votre Commission a estimé qu'en pareil cas il y aurait lieu à réparation du préjudice causé.

Tels sont les motifs du texte ci-après, qu'elle vous propose :

« *L'article 1780, paragraphe 1er du C. civ. et l'art. 20 du L. I, tit. II du Code du Travail sont complétés par la disposition suivante :*

« *Le contrat de travail conclu pour plus de cinq ans peut, à partir de l'expiration de la cinquième année et nonobstant toute stipulation contraire, être résilié sans indemnité, à la volonté de l'une ou de l'autre des parties contractantes, moyennant un préavis de six mois.*

« *Dans le cas où le contrat de travail est conclu en vue d'une entreprise déterminée, dont la durée excède cinq années, l'exercice de ce droit de résiliation par l'une des parties peut, s'il en résulte un préjudice pour l'autre, donner lieu au paiement d'une équitable indemnité* ».

II. — Clause de non concurrence

La deuxième des questions dont votre Commission a abordé l'examen est ainsi libellée au questionnaire officiel :

« *Convient-il, par une disposition expresse, d'interdire à l'employeur de restreindre au-delà de certaines limites, après l'expiration du contrat, l'activité professionnelle ultérieure du salarié ? ».*

A la différence de la législation locale actuellement encore en vigueur dans les trois départements recouvrés, qui contient plusieurs dispositions réglementant les conventions ayant cet objet, la législation française ne les vise expressément nulle part.

C'est donc par voie de déductions tirées de certains textes généraux et de principes de notre droit, qu'une jurisprudence, d'ailleurs abondante, a depuis longtemps déterminé les conditions de validité des clauses de non concurrence.

Les textes ou principes sur lesquels notre jurisprudence a pris ses points d'appui sont : 1º l'art. 1780, § 1er, C. civ. ; 2º les art. 1131 et 1133 du même code, relatifs à la cause illicite ; 3º le principe de la liberté du travail [1].

Du caractère très général de ces textes ou principes on peut induire *a priori* que, pour que le juge en tire une réglementation de la clause

---

[1] Loi des 2-17 mars 1791, art. 7 ; et Constit. du 24 juin 1793, Déclar. des droits, art. 17 et 18.

qui nous occupe, il faudra qu'il y mette beaucoup du sien ; si cette réglementation est précise, ce sera par la volonté du juge bien plutôt que par celle du législateur.

La législation locale des trois départements recouvrés statue sur la clause de non concurrence en des textes multiples, dont certains poussent le souci du détail au-delà de toute mesure.

Le premier de ces textes concerne, non les ouvriers *stricto sensu* [1], mais seulement les employés d'exploitation (Betriebsamten), les contremaîtres (Werkmeister) et les agents techniques (Techniker), tels que mécaniciens, architectes, chimistes, dessinateurs, etc... C'est l'art. 133 f du Code industriel (Gewerbeordnung), ainsi conçu : « Toute convention entre le chef d'industrie et un des employés désignés à l'art. 133 a (ce sont ceux que nous venons d'énumérer), par laquelle ce dernier verrait son activité professionnelle restreinte pour le temps qui suivra l'expiration de son engagement, n'oblige l'employé que si ces restrictions, en ce qui concerne le temps, le lieu et l'objet, ne dépassent pas les limites au-delà desquelles l'avenir de l'employé serait injustement entravé. La convention sera nulle, quand l'employé était mineur à l'époque où elle a été conclue ».

Le second de ces textes est particulier à l'industrie minière : c'est l'art. 74,36 de la loi d'Alsace-Lorraine sur les mines [2]. Conçu, sauf quelques dispositions additionnelles [3], dans les mêmes termes que celui que nous venons de citer, il ne vise pas non plus les ouvriers, mais seulement « les personnes engagées... moyennant un traitement fixe pour diriger ou surveiller l'exploitation (directeurs, porions, surveillants techniques, etc...) ou chargées d'une façon permanente de fonctions supérieures d'un caractère technique (ingénieurs pour les machines et les constructions, chimistes, dessinateurs, etc...) ».

Si de l'industrie nous passons au commerce, nous nous trouvons en présence d'une troisième législation, spéciale aux employés de commerce et qui leur assure une protection beaucoup plus stricte encore et plus minutieusement détaillée que les précédentes. Instituée par la loi du 10 juin 1914 et entrée en vigueur le 1er janvier 1915, elle forme les articles 74 à 83 du Code de commerce local.

Je me garderai d'exposer par le menu cette réglementation compliquée, où l'on voit le législateur s'évertuer à imaginer tous les cas

---

[1] C'est-à-dire ceux que la loi locale qualifie de compagnons ou ouvriers de métier (Gesellen), d'aides (Gehilfen) et d'ouvriers de fabriques.

[2] Loi du 16 décembre 1873, modifiée par celle du 8 décembre 1909.

[3] Le patron ne pourra se prévaloir de la clause de non concurrence, si le contrat vient à être résilié par sa faute. D'autre part, s'il s'agit d'employés gagnant moins de 10.000 fr. par an, la protection légale est plus stricte : la clause de non concurrence ne peut s'appliquer à une période de plus d'un an à partir de l'expiration du contrat, à moins que le patron ne continue à payer à l'employé son salaire intégral ; etc..., etc... Ces dispositions de détail figurent à l'art. 74, 37 de la loi sur les mines.

possibles et consacrer une disposition particulière à chacun d'eux. Elaguée de maintes distinctions, elle se ramène essentiellement aux mesures suivantes : la stipulation de non concurrence n'est valable qu'à la condition d'être écrite, de comporter pour le patron l'obligation de payer à son ex-employé, tant qu'elle demeurera en vigueur, la moitié au moins du salaire qu'il recevait en dernier lieu, enfin d'avoir pour seul motif « la sauvegarde des légitimes intérêts professionnels de l'employeur ». Elle ne peut s'appliquer durant plus de deux années à partir de l'expiration du contrat de travail. Elle est interdite en ce qui concerne les apprentis, les mineurs et les employés à faible salaire (moins de 1875 fr. par an). En cas de rupture du contrat de travail, l'engagement de non concurrence ne lie pas l'ouvrier s'il a rompu le contrat pour de justes motifs, ou si c'est le patron qui l'a rompu sans motif légitime. Les parties peuvent sanctionner l'engagement de non concurrence par une clause pénale, que le juge aura d'ailleurs, selon le droit commun allemand [1], la faculté de modérer s'il la trouve excessive. Enfin il est interdit de déroger conventionnellement, dans un sens défavorable à l'ouvrier, aux dispositions qui viennent d'être résumées.

La législation locale considère donc, sauf en ce qui concerne les ouvriers *stricto sensu* et les employés à bas salaire [2], la clause de non concurrence comme licite : elle se borne à en réglementer étroitement l'emploi pour en empêcher l'abus.

Notre ministère du travail, dans son questionnaire, demande s'il convient d'introduire dans nos lois une réglementation analogue. A la majorité des deux tiers les Chambres de commerce ont répondu négativement ; à la même majorité les Conseils de prud'hommes ont répondu par l'affirmative.

Les adversaires d'une réglementation spéciale de la clause de non concurrence estiment le libre usage de cette clause nécessaire pour empêcher une concurrence déloyale trop fréquente ; cette question étant connexe à celles de propriété commerciale et de droit des employés sur leurs dessins, modèles ou inventions, ne saurait d'ailleurs être résolue isolément ; au surplus, en pratique la clause dont il s'agit assure au salarié des avantages compensateurs de la restriction qu'elle lui impose ; elle n'intervient guère qu'avec des employés avertis et sachant ce qu'ils font en prenant un semblable engagement ; pour toutes ces raisons, et vu l'extrême variété des cas qui peuvent se présenter, il faut laisser faire la jurisprudence : elle suffit à réprimer les abus.

Les partisans d'une réglementation légale considèrent qu'en son essence cette clause, portant atteinte à la liberté individuelle, au droit

---

[1] Articles 339 et suivants du Code civil allemand et notamment article 343.

[2] Elle se trouve d'ailleurs actuellement faussée dans son fonctionnement, puisqu'elle indique, pour définir ceux auxquels elle s'applique, des chiffres de salaires remontant à 1914.

à la vie et au travail, est éminemment dangereuse : les trop nombreux abus auxquels elle donne lieu démontrent la nécessité d'une intervention législative. Et l'on propose des solutions qui vont de restrictions diverses, inspirées de la législation allemande, à l'interdiction absolue [1].

Avant de décider si et dans quelle mesure le législateur doit intervenir, il convient d'examiner ce qu'a été, en l'état de nos lois, l'œuvre du juge.

Notre jurisprudence tient pour parfaitement valable en principe la clause de non concurrence, attendu qu'elle répond à des intérêts légitimes : celui de l'employeur, qui veut se prémunir contre la divulgation et l'usage à son détriment de procédés, méthodes ou secrets de fabrication auxquels il aura initié son employé ; et celui de l'employé qui, en échange de l'assurance ainsi donnée par lui à son patron, obtient un poste de confiance et des avantages pécuniaires particuliers. Juridiquement on peut considérer, comme l'a observé M. Albert Wahl, qu'il y a là une sorte de prolongement de l'obligation de garantie, obligation qui est de la nature des contrats à titre onéreux.

Mais il faut que l'équilibre entre les avantages et les inconvénients que comporte cette clause pour l'employé, ne se trouve pas rompu à son préjudice. C'est à empêcher cet abus que s'est appliquée la jurisprudence en deux séries de décisions parallèles, — la clause dont il s'agit pouvant se rencontrer soit dans un contrat de travail, soit dans d'autres contrats, tels qu'un contrat de société ou un contrat de vente de fonds de commerce.

Cette jurisprudence est fort ancienne et n'a pas varié essentiellement depuis l'origine. Les principes en furent nettement posés, dès 1856, dans le cas de ce contremaître d'une fabrique de crayons qui s'était engagé à ne jamais, en aucun temps et sous aucun prétexte, servir ou s'associer, directement ou indirectement, dans une autre fabrique de crayons, quelle que fût la cause pour laquelle il aurait quitté la première. Ayant été congédié, il plaida la nullité de cet engagement, qui fut en effet déclaré illicite comme portant atteinte à la liberté naturelle de l'homme et à celle du travail et de l'industrie, attendu que l'interdiction qui en résultait était absolue. Les jugements et arrêts qui intervinrent dans cette affaire [2] se fondaient sur l'art. 1780

---

[1] C'est à ce dernier parti que s'est arrêté le Conseil supérieur du travail en adoptant, dans sa séance du 18 novembre 1926, le texte suivant : « Est nulle toute clause d'un contrat de travail interdisant à l'employé ou à l'ouvrier, après la cessation du contrat, d'exploiter une entreprise personnelle, de s'engager chez d'autres patrons ou de s'associer en vue d'exploiter une entreprise personnelle. Tant au cours du contrat qu'après sa cessation, l'employé ou l'ouvrier doit s'abstenir de divulguer à un concurrent ou à une autre personne, les secrets de fabrication ou d'affaires du chef d'entreprise et de se livrer ou de coopérer à tout acte de concurrence déloyale ».

[2] Tribunal de Rocroi, 4 janvier 1856 ; Cour de Metz, 26 juillet 1856 (D. 58, 2, 87), et Cass. civ., 11 mai 1858 (D. 58, 1, 219).

et sur les art. 1131 et suivants du Code civil, qui permettent aux tribunaux d'annuler les conventions contraires aux bonnes mœurs ou à l'ordre public.

En 1896, Coquelin aîné plaida contre la « Société de Messieurs et Mesdames les Comédiens français » que l'ordre public s'opposait à ce qu'il lui fût interdit de « jouer sur aucun théâtre soit de Paris, soit des départements sans la permission du surintendant »[1] : les juges lui donnèrent tort, estimant que « l'interdiction stipulée était conforme au droit, puisqu'elle n'était pas générale »[2].

Pour ce qui est de la durée à laquelle la clause de non concurrence peut valablement s'appliquer, elle est, d'après la jurisprudence, essentiellement variable suivant les espèces : les tribunaux ont validé des interdictions de ce genre portant sur 25 ou même sur 50 ans, quand elles étaient insérées dans des contrats de société[3] ; par contre ils en ont annulé qui portaient sur une durée bien moindre, par exemple sur 4 ans[4], quand ces stipulations se rencontraient dans le contrat d'association d'une coopérative ouvrière de production ou dans un contrat de travail.

D'une manière générale, notre jurisprudence valide la clause de non concurrence alors même qu'elle est illimitée quant à sa durée, si elle est limitée quant à son rayon d'application, — ou inversement lorsque, illimitée quant au territoire auquel elle s'applique, elle est limitée quant à sa durée.

Il est enfin une autre limitation qu'elle exige : c'est la limitation quant à l'objet, c'est-à-dire quant au genre de travail, ou de commerce, ou d'industrie que vise l'interdiction de concurrence. Et l'on remarque, que soucieuse de réduire au minimum, sur ce point encore, la portée de ces interdictions, elle en interprète les termes de la façon la plus restrictive[5].

Telle étant, sommairement résumée, notre jurisprudence, quelles conclusions devons-nous tirer de son examen ?

Il semble bien que, faute d'un point d'appui précis, c'est-à-dire d'un texte traitant spécialement de la convention particulière qui nous occupe, cette jurisprudence se trouve un peu en l'air ou du moins en porte-à-faux.

Elle cherche une base dans l'art. 1780, § 1er, C. civ. : de ce que le législateur a établi là une règle applicable au contrat de travail, elle déduit que la même règle est applicable à ce contrat de non travail qu'est la clause de non concurrence. Cette assimilation pourrait prêter

---

[1] Article 85 du décret du 15 octobre 1812, dit « décret de Moscou ».

[2] Cour de Paris, 21 mars 1896, D. 97, 2, 177.

[3] Cour de Paris, 12 janvier 1898, D. 98, 2, 350 ; Cour de Limoges, 25 novembre 1910, D. 1911, 2, 405.

[4] Cass. req., 19 décembre 1860 ; et Cass. req., 17 mai 1911, D. 1913, 1, 342.

[5] Cour de Paris, 29 juillet 1905 ; et Cass. req., 7 novembre 1906, D. 1907, 1, 191.

à critique et n'est peut-être pas, à y bien regarder, conforme à une rigoureuse logique ni à l'intention du législateur. Admettons-la pourtant. La seule limitation imposée par ce texte est une limitation dans le temps, une limitation de durée ; tout ce qu'il est à la rigueur permis d'en déduire, c'est donc que l'engagement de non concurrence ne pourra être contracté pour toute la vie de celui qui le prend. On ne saurait, avec la meilleure volonté du monde tirer de l'art. 1780, § 1er rien qui autorise à limiter en outre la portée de la clause de non concurrence quant à l'objet (genre de travail visé), ni quant au lieu (rayon d'application de cette interdiction de travail).

C'est pourquoi la jurisprudence, cherchant d'autres points d'appui, se voit obligée de recourir au principe de la liberté du travail, dont la violation est contraire à l'ordre public et par conséquent illicite (Loi des 2-17 mars 1791, art. 1131 et 1133 C. civ.).

Or de ce principe directeur très général il est malaisé pour le juge de déduire une réglementation qui ne soit pas, elle-même, essentiellement vague et variable. Aussi est-on surpris de constater que la jurisprudence se soit donné la règle parfaitement précise que voici : est licite et valable la clause de non concurrence, si elle est limitée dans son application soit quant au temps, soit quant au lieu.

C'est là une règle forgée de toutes pièces par le juge. Elle est peut-être d'un emploi commode ; mais elle n'est pas très rationnelle : car il peut arriver que l'engagement de non concurrence soit limité quant au temps ou quant au lieu et que, néanmoins, il lèse gravement la liberté du travail de l'employé. Il est même arrivé qu'il fût limité quant au temps et quant au lieu et que cependant le juge se vit forcer de l'annuler, parce qu'il réduisait à l'excès cette liberté. Donc la règle créée par la jurisprudence, d'une part ne trouve pas dans la loi une base juridique bien ferme et d'autre part, en pratique, est parfois mise de côté, parce que son application violerait le principe même dont elle s'inspire.

De plus, cette règle ne met pas en suffisante évidence certains éléments d'appréciation qui, à côté de la durée et du rayon d'application de l'engagement de non concurrence, doivent être pris en considération pour juger de la validité de cet engagement, ce sont : 1º l'objet de l'engagement, c'est-à-dire le genre de travail que s'interdit l'employé (sous ce rapport encore la restriction consentie peut être excessive) ; 2º les avantages consentis à l'employé en compensation de son engagement (suivant leur importance la clause peut être équitable ou abusive) ; 3º le motif qui a inspiré l'employeur (selon qu'il sera légitime ou arbitraire la clause pourra être valable ou ne pas l'être).

Sous ces réserves notre jurisprudence, dans son ensemble, satisfait l'équité. D'autre part elle ne diffère pas essentiellement de la législation locale des trois départements, si l'on ne considère que les grandes lignes de cette législation. Il a donc paru à votre Commission qu'il y avait possibilité et avantage à consolider cette jurisprudence en

un texte législatif fixant ce qu'il y a de commun aux deux réglementations en présence. Ce texte ne donnerait pas au juge, comme les textes du droit local, une série de solutions toutes faites ; il ne le laisserait pas non plus, comme notre législation actuelle, en présence du seul énoncé d'un principe général et lointain : il jalonnerait la voie à suivre en indiquant les divers points sur lesquels devra porter l'attention du juge, mais en lui laissant toute latitude de statuer selon l'équité.

Votre Commission s'est arrêtée à la rédaction suivante :

« La convention par laquelle le travailleur s'engage à n'exercer son activité professionnelle, après l'expiration du contrat de travail, que sous certaines restrictions stipulées dans l'intérêt de l'employeur, notamment en prévision d'une concurrence déloyale éventuelle, est licite, à moins que, eu égard à l'objet, à la durée, au lieu auxquels cette convention s'applique, aux raisons qui la motivent et aux avantages particuliers qu'elle assure au travailleur, elle ne limite dans des conditions contraires à l'équité et aux principes généraux du droit sa liberté de travail ».

III. — Débauchage

La troisième des questions examinées par votre Commission est ainsi formulée au questionnaire officiel du Ministère du Travail :

« En cas de rupture illégale du contrat, y a-t-il lieu de rendre solidairement responsable du dommage causé le salarié et la personne qui l'a débauché ? ».

Dans l'acception technique où il est pris ici, le verbe « débaucher » s'oppose à « embaucher » et signifie déterminer le travailleur qui s'est engagé par contrat de travail envers un employeur à rompre ce contrat.

Nous n'avons pas à étudier cet acte sous ses divers aspects juridiques, mais seulement à rechercher si l'une des dispositions de la loi locale en cette matière, — disposition qui n'a pas son équivalent dans nos lois, — peut être adaptée à la législation française.

Ce texte de la loi locale [1] est ainsi conçu : « L'employeur qui incite un compagnon ou un aide à abandonner le travail avant l'expiration légale du contrat est solidairement responsable du dommage causé à l'employeur précédent ou du paiement de la somme destinée, conformément à l'art. 124 b, à remplacer les dommages-intérêts. — La même responsabilité incombe à l'employeur qui engage un compagnon ou un aide qu'il sait être lié vis-à-vis d'un autre employeur par un contrat de travail. — Sera également responsable dans la mesure prévue à l'alinéa précédent l'employeur qui continuera à occuper un compagnon ou un aide engagé par un autre employeur pendant la durée de cet engagement, à moins que quatorze jours ne se soient écoulés depuis la rupture illégale du contrat de travail. Aux compa-

---

[1] C'est l'art. 125 de la Gewerbeordnung.

gnons et aides au sens des dispositions précédentes, il faut assimiler les personnes désignées à l'art. 119 b » [1].

Cette responsabilité solidaire du tiers instigateur ou complice du débauchage n'est d'ailleurs que l'application de principes posés par les art. 830 et 840, § 1er du Code civil allemand, en vertu desquels les instigateurs et les complices d'un acte illicite, étant assimilés aux coauteurs de cet acte, sont solidairement tenus de réparer le dommage qui en est résulté

Notre législation ne contenant aucune disposition correspondant à l'art. 125 de la Gewerbeordnung, c'est, ici encore, de textes très généraux ou de principes non moins généraux de notre droit que la jurisprudence déduit ses décisions : elle se fonde sur l'art. 1382 C. civ. et, quant à la solidarité, sur une règle très ancienne, remontant au droit romain, en vertu de laquelle tous ceux qui ont concouru à un même délit ou quasi-délit sont solidairement obligés d'en réparer les conséquences dommageables. L'article 55 de notre Code pénal applique cette règle aux crimes et aux délits.

Quant à notre Code du Travail, il ne s'y trouve qu'un texte se rapportant au débauchage : c'est l'art. 12, Liv. I, Tit. I, spécial au cas particulier où le travailleur débauché est un apprenti. Cette disposition est la suivante : « Tout fabricant, chef d'atelier ou ouvrier convaincu d'avoir détourné un apprenti de chez son maître pour l'employer en qualité d'apprenti ou d'ouvrier, pourra être passible de tout ou partie de l'indemnité à prononcer au profit du maître abandonné » [2].

L'enquête ouverte par le Ministère du Travail démontre que la très grande majorité des organisations consultées sont favorables à l'introduction dans nos lois d'une disposition s'inspirant de la même idée que l'article 125 de la Gewerbeordnung. Elles estiment que l'employeur qui a débauché le salarié est souvent, en fait, le vrai responsable du débauchage ; que cette manœuvre de concurrence, fréquemment pratiquée dans certaines industries saisonnières, trouble la

---

[1] En somme, ce texte s'applique aux compagnons ou ouvriers de métier ou à leurs aides, aux ouvriers des fabriques, aux petits artisans et façonniers de l'industrie à domicile et aux employés de l'industrie, — mais non aux employés de commerce. Quant aux ouvriers des mines, ils sont soumis à une disposition toute semblable, l'art. 74,25 de la loi minière d'Alsace-Lorraine, du 16 décembre 1873.

[2] Ce texte n'est autre que l'art. 13 de la loi du 22 février 1851 relative aux contrats d'apprentissage. Il était en germe dans l'article 11 de la loi du 22 germinal de l'an XI, lequel portait : « Nul individu employant des ouvriers ne pourra recevoir un apprenti sans congé d'acquit, sous peine de dommages-intérêts envers son maître ». Cette même loi, dans son article 12, applicable à tous les ouvriers, portait : « Nul ne pourra, sous les mêmes peines, recevoir un ouvrier s'il n'est porteur d'un livret portant le certificat d'acquit de ses engagements, délivré par celui de chez qui il sort ». On voit par ces vieux textes comment il était mis obstacle au débauchage et comment était définie la responsabilité du débaucheur.

production et peut ruiner l'industriel ; qu'avec la pénurie actuelle de la maind'œuvre, les tentatives de débauchage ne peuvent que se multiplier, en particulier dans nos régions dévastées où des employeurs qui ont fait venir à grands frais des travailleurs étrangers les voient fréquemment débaucher à leur préjudice par d'autres employeurs ; que des sanctions visant le salarié seul sont à peu près illusoires ; et que l'article 1382 C. civ. est insuffisant, notamment parce qu'il oblige l'employeur lésé à faire la preuve d'une faute commise par l'employeur bénéficiaire du débauchage.

En sens inverse on objecte la difficulté de définir le débauchage, l'impossibilité, en fait, de prouver les manœuvres que l'on voudrait réprimer, et, par suite, l'inefficacité d'une disposition analogue à l'article 125 de la Gewerbeordnung.

Que la question posée ait, en dehors de son intérêt général, un grand intérêt d'actualité, c'est ce dont témoigne la rigueur même des sanctions du débauchage que proposent certains partisans d'une intervention législative : ils voudraient que le débauchage fut érigé en délit et réprimé par des sanctions pénales.

Les deux phrases suivantes, empruntées à des documents qui pourraient être tout récents et qui sont cependant fort anciens, démontrent que l'abus qui nous occupe se rencontre à toutes les époques de pénurie de main-d'œuvre : « L'habitude de violer les engagements relatifs au travail est devenue si universelle parmi les ouvriers, qu'on ne peut plus compter sur leur coopération. D'où il résulte que les fabricants sont détournés de toute entreprise de quelque étendue par la crainte de se voir obligés d'y renoncer avant de les avoir consommées »[1]. — « C'est ainsi qu'un voisin envieux, stupide et sans honneur débauche (pour me servir d'une expression qui peint mieux la lâcheté de son action) débauche l'ouvrier que forma son voisin et cherche à édifier ses succès sur des ruines, sa fortune sur des malheurs »[2].

Exprimées en termes moins véhéments, des idées analogues se trouvent à la base de certains projets ou propositions de lois déposés au cours de l'année 1925 et qui ont pour objet d'empêcher ou de réprimer le débauchage des ouvriers étrangers travaillant en France. Il n'y a là qu'un cas particulier et transitoire du seul problème qui nous occupe, celui de la responsabilité du tiers débaucheur ; mais on y voit l'administration et le législateur cherchant à préciser cette responsabilité et à atteindre ce responsable.

La gravité de l'abus en même temps que l'insuffisance des moyens préventifs ou répressifs dont dispose l'administration pour atteindre le débaucheur, sont mises en lumière par une série de documents relatifs aux régions dévastées[3]. Usant de l'article 64 du L. II, Tit. II

---

[1] Rapport présenté aux Consuls le 13 ventôse an X.

[2] REGNAULT DE ST-JEAN-D'ANGÉLY : exposé des motifs de la loi du 22 germinal de l'an XI au Tribunat.

[3] V. notamment la circulaire n° 90 de M. Loucheur en date du 9 novembre

du Code du Travail, qui « interdit à toute personne d'employer sciemment un étranger non muni du certificat d'immatriculation exigé par la loi du 8 août 1893 »[1], et de l'institution récente de la « carte d'identité » pour les étrangers, l'administration a prescrit que cette carte, délivrée à l'ouvrier étranger au moment de son entrée en France, fit mention de la durée du contrat de travail motivant sa présence en territoire français et du nom de son employeur[2] ; tenu de se faire présenter cette carte, le tiers débaucheur, actionné en responsabilité par l'employeur lésé, ne peut exciper de sa bonne foi, c'est-à-dire de son ignorance du contrat de travail préexistant. Cette action en responsabilité et la condamnation qu'elle peut entraîner n'en demeurent pas moins la seule sanction efficace du débauchage, la contravention à l'art. 64 du L. II, C. Trav. n'étant punie que d'une peine infime de simple police.

Une proposition de loi voudrait que celui qui débauche un ouvrier agricole pour l'employer à un travail non agricole fût puni d'une amende de 500 fr. à 5000 fr., sans préjudice de sa responsabilité envers l'employeur lésé[3]. Un projet gouvernemental du 5 novembre 1925 punit d'une amende de 500 fr. à 1000 fr. celui qui débauche un ouvrier étranger avant l'expiration du contrat de travail en vertu duquel il a été introduit en France.

Mais ces dispositions, spéciales aux ouvriers étrangers et qui supposent l'ouvrier porteur d'une carte d'identité, ne sont pas susceptibles de généralisation. Il y aurait d'ailleurs exagération à ériger d'une manière générale en infraction à la loi pénale le débauchage, qui n'est actuellement considéré que comme un délit civil ou un quasi-délit, suivant qu'il est ou non commis avec intention de nuire, et qui n'entraîne, comme tout autre acte illicite de cette nature, que l'obligation pour son auteur de réparer le dommage causé.

La jurisprudence, il y a quelque quarante ans, n'admettait pas encore sans résistance la responsabilité civile du tiers débaucheur : le 16 juillet 1891, un jugement du tribunal de la Seine rejetait la demande de dommages-intérêts d'un commerçant dirigée contre le concurrent qui avait provoqué la rupture du contrat de travail d'un employé afin de le prendre à son service. Depuis lors la jurisprudence s'est montrée plus rigoureuse pour le tiers débaucheur : un grand couturier parisien ayant engagé une première qu'il savait liée à un concurrent par un contrat en cours d'exécution et l'ayant déterminée à rompre ce contrat en prenant à sa charge les conséquences pécu-

1921, les lettres de M. Reibel des 9 août 1922 et 11 mai 1923 et la lettre du Ministre du Travail du 23 juillet 1923.

[1] Loi relative au séjour des étrangers en France et à la protection du travail national.

[2] Circulaire du 30 décembre 1921.

[3] Proposition Cante et Lesaché déposée à la Chambre le 3 février 1925. — Cf. dans le même sens une proposition Marin, Quilliard et autres.

niaires de la rupture, a été considéré comme ayant excédé, par un
acte quasi-délictueux, les droits de la libre concurrence et engagé
par cette faute sa responsabilité [1]. En 1920 le tribunal de Cambrai
a considéré comme un acte de concurrence illicite la démarche d'un
employeur qui avait déterminé l'employé d'un concurrent à abandonner brusquement son chantier de travail, et condamné solidairement l'employé et le débaucheur à des dommages-intérêts. En 1921
le tribunal de commerce de la Seine en accorde de même à une Chambre syndicale patronale en raison du préjudice causé à la profession
qu'elle représente par les manœuvres d'un tiers qui, pour débaucher
les contremaîtres de diverses maisons, leur offrait des salaires très
supérieurs à ceux qu'ils gagnaient normalement. De nombreuses
condamnations de tiers débaucheurs sont intervenues ces années
dernières en cas de débauchage d'ouvriers étrangers [2].

En substance, cette jurisprudence peut se résumer ainsi : le tiers
débaucheur est en faute et par suite responsable s'il a agi sciemment,
c'est-à-dire s'il a embauché un ouvrier qu'il savait être lié à un autre
employeur par un contrat de travail non expiré ; il est encore en faute,
alors même qu'il ignorait de bonne foi l'existence de ce contrat, si
les circonstances sont telles qu'il aurait dû la présumer et par conséquent s'assurer préalablement à l'embauchage, que ce contrat était
expiré (c'est le cas particulier de ceux qui, actuellement, embauchent
en France des ouvriers étrangers). La faute du tiers débaucheur s'aggrave s'il provoque l'ouvrier à rompre son contrat de travail par des
suroffres de salaires ou toutes autres manœuvres ; elle s'aggrave
encore si le tiers est un concurrent de l'employeur abandonné par
l'ouvrier et, *a fortiori*, si se trouvent réunies les conditions constitu-
tives de la concurrence déloyale. Enfin, conformément à une jurisprudence aussi ancienne que constante, les personnes qui ont commis
ensemble et de concert un délit civil, donc, l'ouvrier qui rompt illé-
galement son contrat de travail et le tiers débaucheur, sont tenues
solidairement des dommages-intérêts envers la personne lésée, l'employeur abandonné.

Si l'on rapproche cette jurisprudence des textes de la Gewerbeordnung et de la loi locale sur les mines, on constate qu'il y a, quant
au fond, grande analogie, sauf en deux points : notre jurisprudence
va plus loin que la loi allemande en ce qu'elle admet la responsabilité
du tiers débaucheur alors même qu'il ignore l'existence du contrat
de travail préexistant, s'il est inexcusable de l'ignorer, c'est-à-dire
si son ignorance témoigne d'une grave négligence ; par contre la loi

---

[1] Affaire Raudnitz contre Dœuillet et Cie : C. de Paris, 19 mars 1903, et
C. cass., 27 mai 1908, D. 1908, 1, 459. — Dans le même sens, C. de Besançon,
13 novembre 1911, D. 1912, 2, 334.

[2] Tribunal de commerce de Chambéry, 16 juillet 1923 ; Tribunal de commerce
de Verdun, 20 février 1924 ; Cour d'Amiens, 19 avril 1923 ; Tribunal civil de
Rodez, 7 février 1924 ; Tribunal civil d'Arras, 20 février 1924.

allemande va plus loin que notre jurisprudence en ce qu'elle admet la responsabilité du tiers débaucheur qui a ignoré de bonne foi le contrat de travail préexistant, mais qui, venant à l'apprendre peu de temps (deux semaines) après le débauchage, n'en garde pas moins l'ouvrier à son service : ce court délai a pour objet de donner à l'employeur délaissé la possibilité de découvrir le nouvel employeur et de l'avertir que l'ouvrier qu'il vient d'embaucher est en rupture de contrat.

Il a paru à votre Commission que l'une et l'autre de ces dispositions se justifiaient. Comme, d'autre part, il y a concordance entre notre jurisprudence et la législation locale, l'occasion lui a semblé opportune de consacrer cet accord en même temps que les deux dispositions en question par le texte ci-après ; on remarquera que la responsabilité solidaire y est étendue aux intermédiaires, qui trop souvent sont des débaucheurs professionnels dont l'intervention est particulièrement pernicieuse :

« Toute personne qui prend à son service un travailleur déjà lié à un tiers par un contrat de travail est solidairement responsable avec ce travailleur du préjudice causé à l'employeur lésé : 1° si elle a incité le travailleur à abandonner son emploi avant l'expiration du contrat ; 2° si, lors de l'entrée du travailleur à son service, elle connaît ou n'ignore que par une négligence inexcusable l'existence dudit contrat ; 3° ou si, venant à en être informée moins de quinze jours après que le travailleur a quitté son précédent emploi, elle le garde néanmoins à son service.

« Quiconque s'entremet pour recruter un travailleur dans les conditions susvisées est solidairement responsable avec ce travailleur et son nouvel employeur du préjudice causé à l'employeur lésé » [1].

IV. — DÉLAI-CONGÉ

L'enquête ouverte par le Ministère du Travail a posé, en matière de délai-congé, les questions suivantes :

« 1° Convient-il de fixer dans la loi la durée du délai de préavis, lorsque ce délai ne fait pas l'objet d'une stipulation expresse du contrat ? — 2° Dans le cas de réponse affirmative, estimez-vous que cette durée doit

---

[1] Le Conseil supérieur du Travail, dans sa session de novembre 1926, a adopté le vœu suivant : « Lorsqu'un salarié ayant rompu abusivement un contrat de travail engage à nouveau ses services, le nouvel employeur est solidairement responsable du dommage causé à l'employeur précédent dans les trois cas suivants : 1° quand il est démontré qu'il est intervenu activement dans le débauchage ; 2° quand il a embauché un travailleur qu'il savait déjà lié par un contrat de travail ; 3° quand il a continué à occuper un travailleur après avoir appris que ce travailleur était encore lié à un autre employeur par un contrat de travail. Dans ce troisième cas la responsabilité du nouvel employeur n'existe pas si, au moment où il a été averti, le contrat de travail abusivement rompu par le salarié était venu à expiration, ou si un délai de quinze jours s'était écoulé depuis la rupture dudit contrat ».

*être la même pour toutes les professions ? — 3° Que cette durée doit
varier suivant le mode de rémunération ? — 4° Pensez-vous qu'il est
opportun de prévoir que le congé devra être donné pour une date fixe
(fin d'une semaine, d'une quinzaine, d'un mois, d'un trimestre du
calendrier) ? — 5° Faut-il prévoir un délai spécial, quel que soit le
mode de rémunération, pour certaines fonctions ayant un caractère particulier ? — 6° Y a-t-il lieu de réserver aux parties la possibilité de
convenir que le délai légal sera réduit, supprimé ou augmenté ? —
7° Doit-on spécifier que le contrat peut être dénoncé, sans abservation
de délai, pour une cause grave ? — 8° Dans l'affirmative, jugez-vous
expédient d'indiquer les cas dans lesquels peut se produire la rupture
immédiate ? — 9° Y a-t-il lieu de poser le principe de l'identité de délai-
congé pour les deux parties ? — 10° Dans l'affirmative, faut-il proscrire
toute clause contraire ? ».*

On voit que ces questions se rapportent toutes à la durée du délai-
congé, abstraction faite des conséquences de l'inobservation de cette
durée. Nous laisserons donc de côté les sanctions de cette inobservation, c'est-à-dire les indemnités auxquelles elle peut donner lieu.

Sur toutes les questions ainsi posées, notre législation actuelle est
muette ; c'est à peine si, dans l'article 26 du Liv. I, Tit. II du Code
du Travail, il est fait allusion au délai-congé sous la rubrique : « Règles
particulières aux réservistes et aux territoriaux appelés à faire une
période d'instruction militaire ». Ce texte ordonne que cette période
soit « exclue des délais impartis par l'usage pour la validité de la dénonciation du contrat de travail ».

La jurisprudence a remédié en partie à cette absence de réglementation légale. Dès avant la loi du 27 décembre 1890, elle considérait
que, dans le contrat de louage à durée indéterminée, chacune des deux
parties peut sans doute mettre fin à tout moment au contrat par un
congé unilatéral, mais à la condition de respecter le délai de prévenance tel qu'il résulte des usages. Cette jurisprudence, qui continue,
admet donc la variabilité de ce délai suivant les professions, les temps
et les lieux [1]. Elle ne reconnaît pas d'ailleurs à ces usages un caractère
obligatoire : elle les applique en l'absence de conventions contraires,
expresses ou tacites ; mais s'il plait aux parties d'y déroger dans leur
contrat de travail ou dans le règlement d'atelier, d'augmenter le
délai d'usage, de le réduire, voire même de le supprimer, elle tient
ces stipulations pour valables. Elle admet la validité de la suppression
contractuelle de tout délai-congé, même depuis que la loi du 27 décembre 1890 (art. 23, § 4 du L. I, T. II, Code du Travail) a interdit
aux parties de « renoncer à l'avance au droit éventuel de demander
des dommages-intérêts » en vertu des dispositions de cet art 23 :
car aucune de ces dispositions ne traite du délai congé. De même,

---

[1] C'est ainsi que nombre de ses décisions consacrent des délais-congé de
huit jours pour les domestiques, d'un mois pour les employés payés au mois,
de trois mois pour les employés payés à l'année, etc...

si les usages de la profession ni la convention des parties ne comportent de délai de prévenance, la jurisprudence ne se reconnaît le droit d'en imposer aucun : en pareil cas elle admet la résiliation immédiate, sur l'heure, du contrat de travail [1]. Enfin notre jurisprudence admet encore la rupture du contrat sans observation d'aucun délai-congé, quand cette rupture se justifie par un motif grave [2].

Comme base juridique de sa référence aux usages en matière de délai-congé, la jurisprudence invoque l'art. 1135 C. civ., aux termes duquel « les conventions obligent non seulement à ce qui y est exprimé, mais encore à toutes les suites que l'équité, l'usage ou la loi donnent à l'obligation d'après sa nature » [3]. On voit donc ici encore que l'édifice construit de toutes pièces par la jurisprudence en est réduit, faute de textes législatifs spéciaux et précis, à prendre un point d'appui lointain dans les dispositions très générales qui définissent les principes de l'interprétation des contrats.

Notre législation de droit commun concernant les obligations a été mise en vigueur dans les trois départements recouvrés. Il en est de même, en principe, de notre législation spéciale du contrat de travail, mais non de l'art. 23, L. I, T. II de notre Code du Travail, relatif aux conditions et conséquences de la résiliation du contrat de travail à durée indéterminée par la volonté d'un seul. Toute cette matière continue donc, dans les trois départements, d'être régie par la législation locale, abondante et complexe : en réalité six législations parallèles y réglementent, avec des modalités différentes, la durée du délai-congé [4].

La législation de droit commun, — c'est-à-dire le Code civil allemand — fait dépendre la durée du délai-congé du mode de paiement du travailleur : s'il est payé à la journée, il peut être congédié chaque jour pour le lendemain ; s'il est payé à la semaine, il ne peut être congédié que pour la fin d'une semaine du calendrier et au plus tard le premier jour ouvrable de cette semaine ; s'il est payé au mois, le congé ne peut lui être donné que pour le dernier jour d'un mois et au plus tard le 15 de ce mois, etc... Pour les personnes fournissant des « services d'un genre plus relevé » (professeurs, précepteurs, etc...), le délai-congé est de six semaines. Chacune des deux parties peut

---

[1] Sous réserve, bien entendu, de l'obligation, pour la partie qui donne congé, de réparer la faute qu'elle commettrait en faisant de son droit de résiliation un usage jugé abusif et préjudiciable à l'autre partie.

[2] Infidélité ou intempérance habituelle de l'ouvrier, vol commis par lui, désordres qu'il provoquerait dans l'atelier par son attitude, etc...

[3] Voir notamment, Cass. civ., 3 mars 1926 (*Gaz. Palais*, 24 mars 1926).

[4] 1° Le Code civil allemand, art. 620 à 629 ; 2° le Code industriel allemand, art. 122 à 124 b, 133 a à 113 e, et 134 b ; 3° le Code de commerce allemand, art. 66 à 72 ; 4° la loi d'Alsace-Lorraine du 23 juillet 1903 concernant les domestiques, art. 5 à 7 ; 5° la loi d'Alsace-Lorraine du 16 décembre 1873 sur les mines, art. 74, 27 à 74, 32 ; 6° la loi allemande du 20 mai 1898 concernant la navigation intérieure, art. 25.

dénoncer le contrat sans délai-congé pour cause grave (le Code civil ne définit pas la cause grave).

Sur ce droit commun prévalent, quant à la durée du délai-congé, les législations spéciales.

Le Code industriel fixe pour les ouvriers cette durée, — sauf stipulation contraire — à 14 jours, intervalle habituel des payes. Elle est obligatoirement la même pour les deux parties [1]. Ce code prévoit, conformément au droit commun, la dénonciation du contrat de travail sans préavis pour cause grave ; mais il donne de ces causes une énumération, à laquelle le contrat peut en ajouter d'autres.

Pour les employés de l'industrie, les contremaîtres et les agents techniques, le Code industriel prévoit un délai-congé de six semaines ; cette durée peut être modifiée par le contrat, sans toutefois pouvoir être abaissée au dessous d'un mois ; le congé ne peut être donné que pour la fin d'un mois du calendrier.

Le Code de commerce et la loi d'Alsace-Lorraine sur les mines soumettent à une réglementation semblable à la précédente les employés du commerce et des entreprises minières.

Pour les domestiques ruraux le congé doit être donné six semaines avant la fin du mois de décembre. Pour les autres domestiques, le délai-congé est de quatre semaines.

Telle est, élaguée de maints détails, la législation en vigueur dans les trois départements. Ses caractéristiques essentielles sont les suivantes : la loi pose le principe du délai-congé et en indique la durée normale ; cette durée est variable suivant les catégories de professions et ces variations dépendent notamment des modalités en usage quant au délai de paiement du salaire ; elle n'est pas obligatoire, les parties peuvent la modifier, sous cette réserve (mais en ce qui concerne les seuls employés) qu'elle ne sera pas inférieure à un minimum légal ; elle est obligatoirement la même au regard des deux parties contractantes ; son expiration doit coïncider avec celle de périodes telles que la semaine, le mois, le trimestre ; enfin la résiliation sans délai-congé est admise pour causes graves [2].

L'enquête ouverte par notre Ministère du Travail dans les milieux intéressés a donné des résultats pouvant se résumer ainsi : la majorité des Conseils de prud'hommes et des organisations ouvrières sont d'avis que la loi doit indiquer le délai de préavis pour le cas où le contrat de travail n'en ferait pas mention ; la sécurité des deux parties

---

[1] En fait, dans les trois départements, le délai légal de 14 jours est de pratique traditionnelle chez les artisans et dans les petites industries de l'alimentation ; ailleurs, il est à peu près inconnu ; dans la moyenne et la grande industrie il varie de 3 à 8 jours ; dans le bâtiment il n'y a pas de délai-congé du tout.

[2] Plusieurs lois étrangères ont réglementé dans des conditions analogues la durée du délai-congé : lois belges du 10 mars 1900 et du 7 août 1922, loi norvégienne du 10 septembre 1907, loi hollandaise du 13 juillet 1907, loi suisse du 30 mars 1911.

y gagnera et le nombre des conflits en sera diminué. La majorité des Chambres de commerce et des organisations patronales estiment au contraire qu'il vaudrait mieux s'en tenir aux usages locaux et professionnels et qu'en fait des prescriptions légales ne lieraient que les employeurs. Pour ce qui est de la durée du délai de préavis, la majorité des organisations consultées pensent qu'elle doit varier suivant les professions et se modeler sur le délai de paiement du salaire; qu'il serait bon, pour faciliter le réembauchage, que le congé fût donné pour un terme tel que la fin de la semaine, de la quinzaine ou du mois ; que certains emplois particuliers (spécialistes, directeurs et chefs de services techniques, etc...) comportent un délai-congé de durée spéciale. En grande majorité elles estiment que le délai-congé légal ne doit pas être obligatoire, mais admettre des dérogations conventionnelles ; que, dans l'intérêt des deux parties, la résiliation sans délai pour cause grave doit être licite ; qu'enfin la loi doit affirmer le principe de l'identité du délai-congé au regard des deux parties et le sanctionner par la nullité de toute stipulation contraire.

Avant d'arrêter les textes qu'elle vous soumet, votre Commission n'a pas manqué de se reporter à l'examen approfondi dont le problème du délai-congé fut l'objet, il y a vingt ans, à la Société d'Etudes législatives [1]. L'article 34 du projet qui fut alors proposé [2] fixait la durée du délai-congé à une semaine, pour l'ouvrier ou le domestique, et à un mois pour l'employé ; l'observation de ce délai ne devenait obligatoire qu'après une période d'essai égale à sa durée ; les conventions tendant à abréger le délai-congé légal étaient déclarées nulles. L'article 35 [3] admettait la rupture sans délai du contrat pour cause grave, c'est-à-dire si l'auteur de cette rupture démontrait « que la morale ou la bonne foi ne permettaient pas de continuer l'exécution du contrat ». Le projet gouvernemental du 2 juillet 1906 sur le contrat de travail [4] s'appropria certaines de ces dispositions; toutefois il admit que la durée légale du délai-congé fût, après enquête, réduite ou augmentée pour telle profession et dans telle région, conformément aux usages professionnels ou locaux ou à la volonté commune des patrons et des ouvriers.

Les textes que vous propose votre Commission sont destinés à compléter le paragraphe 1er de l'art. 23, L. I du Code du Travail.

Elle estime qu'il y a lieu d'abord d'affirmer expressément dans la loi le principe du délai-congé et d'en indiquer la durée normale : par cela même qu'il sera formulé dans la loi, il exercera une sorte d'action de présence et rappellera constamment aux intéressés une règle équitable et salutaire. Il est en outre important que les patrons

---

[1] Lorsqu'elle s'occupa du contrat de travail, sur les rapports de MM. Brocard et Perreau (*Bulletin de la Société d'Etudes législatives*, 1906, p. 73, 94, 153 et 358).

[2] *Ibid.*, p. 413.

[3] *Ibid.*, p. 416.

[4] Articles 45 à 50 de ce projet.

et les ouvriers des trois départements retrouvent ainsi dans notre loi un principe figurant dans celles auxquelles ils sont accoutumés.

Les deux délais que le texte proposé (§ a) indique comme normaux, — une semaine, un mois, — sont d'un usage assez répandu, pour qu'il soit permis de les ériger en règle générale.

Il n'a pas paru conforme à l'esprit de nos lois d'indiquer, — à la manière de la législation allemande, — d'autres délais encore, variables suivant les modalités de paiement des salaires, avec distinctions et sous-distinctions, où l'on s'efforce en vain d'emprisonner une réalité mouvante. Cela est d'autant moins nécessaire, que votre Commission ne formule pas une règle obligatoire ne comportant aucune dérogation : il lui a paru excessif de poser en impératif catégorique que la durée du délai-congé serait d'une semaine ou d'un mois, ni plus ni moins.

Comme le projet gouvernemental de 1906, elle vous propose (§ b) d'admettre tant la réduction que l'augmentation de ces délais légaux, pourvu qu'elles soient conformes aux usages locaux ou professionnels : seule cette solution lui a paru donner à la règle du délai-congé une souplesse, une élasticité suffisantes. Les délais que consacre la législation locale d'Alsace et de Lorraine pourront ainsi y demeurer en vigueur en tant qu'usages professionnels ou locaux ; il en sera de même dans toutes les autres régions de France, pour les délais que la coutume y a établis.

Par contre votre Commission ne croit pas devoir admettre qu'il soit dérogé au délai légal par une convention des parties contraire aux usages professionnels ou locaux : ce serait permettre des abus et ruiner, ou en tout cas gravement compromettre la portée pratique de la règle générale adoptée.

Quant à la preuve de l'usage, la plus certaine serait évidemment celle qui résulterait de contrats collectifs : c'est pourquoi le texte proposé en fait mention spéciale.

Ce texte admet implicitement que l'usage puisse comporter même la suppression complète de tout délai-congé, comme, par exemple, dans l'industrie du bâtiment. Mais il a paru préférable que ce ne fût pas dit expressément : la portée morale du principe posé en eût pu être affaiblie.

En ce qui concerne l'époque pour laquelle le congé peut être donné, il n'a pas semblé à votre Commission que l'usage de donner ce congé pour un terme tel que la fin d'une semaine, d'un mois, d'un trimestre fût aussi répandu en France pour le louage de services, qu'il l'est en matière de baux à loyer. Mais, puisqu'il est consacré par la législation locale d'Alsace et de Lorraine, il a paru opportun d'indiquer dans le texte proposé (§ c) que, sur ce point aussi, l'usage local ou professi nnel devra être observé.

Le principe de l'identité du délai-congé au regard des deux parties contractantes est conforme à notre jurisprudence, à la législation locale des trois départements et, semble-t-il, à l'équité ; votre Commission a cru devoir l'énoncer expressément (§ d). De même aussi la réserve relative à la période d'essai (§ e) : elle se justifie d'elle-même et figurait tant au projet de votre Commission en 1906 (art. 34), qu'au projet g uvernemental de cette même année (art. 50).

La rupture sans délai du contrat en cas de force majeure ou pour cause grave était également consacrée par ces deux projets ; elle l'est par notre jurisprudence et par la législation locale des trois départements ; votre Commission n'a pas cru devoir entreprendre, à la manière de cette législation, une énumération des causes graves : il lui a paru plus conforme à nos habitudes législatives de laisser le juge libre d'apprécier (§ f).

Le paragraphe final du texte qu'elle vous propose, — emprunté à l'art. 34 du projet qui vous fut soumis en 1906, — a pour objet d'empêcher que ne soient éludées les prescriptions légales relatives au délai-congé par la substitution au contrat de travail à durée indéterminée, — le seul auquel s'applique la règle du délai de prévenance, — d'une série indéfinie de contrats à durée déterminée se succédant l'un à l'autre.

Sous le bénéfice de ces observations, votre Commission vous soumet les dispositions suivantes :

a) « *Le contrat de travail de durée indéterminée peut toujours cesser par la volonté de l'une des parties, à charge par elle de prévenir l'autre soit une semaine à l'avance, s'il s'agit d'un ouvrier ou d'un serviteur, soit un mois à l'avance, s'il s'agit d'un employé de toute autre catégorie.*

b) *Le délai-congé à observer peut être de durée moindre ou plus longue pour une profession ou un emploi déterminés, dans une localité ou une région données, s'il est démontré, notamment par la production de contrats collectifs, que ces dérogations résultent d'usages communément admis.*

c) *Le congé ne peut être donné que pour un terme tel que la fin de la semaine, du mois ou du trimestre, s'il est prouvé, dans les mêmes conditions, que tel est l'usage, professionnel ou local.*

d) *La durée du délai-congé doit être, dans tous les cas, la même au regard du travailleur et de l'employeur.*

e) *Les deux parties ne sont tenues à l'observation du délai-congé qu'après une période d'essai égale à sa durée.*

f) *Chacune d'elles peut dénoncer le contrat sans observer le délai-congé soit en cas de force majeure, soit pour une cause grave justifiant, selon l'appréciation du juge, la cessation immédiate de l'exécution du contrat.*

g) *Le renouvellement continu du contrat de travail de durée déterminée soumet les parties à l'observation du délai-congé dans les conditions du présent article »* [1].

---

[1] En ce qui concerne la durée du délai-congé, la Commission permanente du Conseil supérieur du Travail a proposé le texte suivant : « La durée du délai-congé est fixée par les conventions collectives ou à défaut par les usages. Il peut être dérogé au délai fixé par les usages par un règlement d'atelier, à condition que celui-ci ait été accepté par les deux parties ».

V. — Règlement d'atelier. Amendes

Le Ministère du Travaii, dans son enquête, a posé les questions suivantes :

A. Règlement d'atelier. — 1° *Y a-t-il lieu de rendre obligatoire l'établissement d'un règlement d'atelier dans les entreprises occupant un certain nombre de personnes ? — 2° Si oui, dans quelles entreprises conviendrait-il de prescrire ce règlement ? — 3° Si vous êtes d'avis que le règlement doit rester facultatif, pensez-vous néanmoins qu'il y ait lieu de réglementer la matière ? — Dans l'affirmative, estimez-vous qu'il convienne d'adopter, pour l'établissement du règlement et les dispositions à y introduire, des règles analogues à celles qui sont prévues par les articles 134, 134 a, 134 b du Code industriel (Gewerbeordnung) ?*

B. Amendes. — *Y a-t-il lieu de réglementer les amendes ou retenues :* 1° *en fixant le maximum qu'elles ne peuvent dépasser ?* 2° *en précisant l'emploi qui doit en être fait dans l'intérêt des ouvriers ?*

Sur le règlement d'atelier nos lois ne contiennent aucune disposition quelconque. Par contre, il existe en cette matière une jurisprudence déjà ancienne, qui ne répond pas directement aux questions précises ci-dessus posées, mais qu'il est intéressant de rappeler pour en indiquer l'esprit.

Le règlement d'atelier, sorte de loi intérieure de l'usine, est en fait, presque toujours, l'œuvre du patron seul. La jurisprudence ne conteste ni ne limite ette indépendance absolue du patron : elle le reconnaît maître en son usine, sous la seule réserve qu'il respecte les dispositions impératives de la législation du travail. Elle considère donc que le règlement d'atelier s'impose à l'ouvrier, par cela seul qu'il s'est embauché dans l'établissem nt où ce règlement est en vigueur ; et cela, en vertu du principe général que les conventions font la loi des parties.

Mais, pour que ce principe puisse être invoqué, encore faut-il qu'il y ait convention au moins tacite, c'est-à-dire que le règlement d'atelier, au moment où l'ouvrier s'embauche ,soit connu de lui dans toutes ses dispositions et librement accepté par lui. De même, si tel article du règlement en vigueur lorsque l'ouvrier s'est embauché vient à être modifié par le patron postérieurement à cet embauchage, il faut, pour que cette modification soit opposable à l'ouvrier, qu'il l'ait connue et acceptée.

Il est d'autant plus nécessaire qu'il en soit ainsi, qu'en fait le règlement d'atelier contient non seulement des dispositions relatives à la discipline, à l'hygiène, à la sécurité, — c'est-à-dire à la police intérieure de l'établissement, — mais souvent aussi d'autres dispositions relatives au salaire, aux modalités de son paiement, aux primes qui peuvent l'accroître, aux retenues pour malfaçons qui peuvent le réduire, — toutes clauses ayant trait aux conditions essentielles du contrat de travail.

Il résulte de notre jurisprudence, que nos juges s'attachent à vérifier si l'ouvrier a eu connaissance effective du règlement d'atelier et ne le considèrent comme obligatoire pour lui qu'à cette condition. On a cependant l'impression qu'ils tiennent parfois un peu trop aisément cette condition pour remplir, et surtout qu'ils admettent bien facilement que, du moment que l'ouvrier a connu le règlement d'atelier, il l'a *ipso facto* librement accepté. C'est ainsi que, dans une espèce où un ouvrier congédié sans préavis se voyait opposer la clause d'un règlement d'atelier supprimant tout délai-congé, la Cour de cassation [1] a décidé « qu'une telle convention (supprimant ce délai) n'a pas besoin d'être expresse et que l'ouvrier peut être considéré comme ayant tacitement accepté cette condition, lorsqu'elle est formulée dans un règlement d'atelier dont il a eu connaissance, soit au moment de son entrée, soit durant son séjour dans l'établissement ». On voit que la jurisprudence non seulement se contente de l'acceptation tacite de l'ouvrier, mais n'exige même pas qu'elle soit concomitante au contrat de travail : il suffit que, durant son séjour dans l'établissement, — donc postérieurement au contrat, — l'ouvrier ait eu connaissance du règlement d'atelier : du moment que, le connaissant, il ne quitte pas l'établissement, c'est qu'il l'accepte.

Il faut bien avouer qu'une telle jurisprudence n'assure au libre consentement de l'ouvrier qu'une garantie minima, ce qui est d'autant plus fâcheux, que l'élaboration même du règlement d'atelier n'est, en l'état actuel de notre législation, entourée d'aucune garantie du tout.

Les inconvénients de ce respect pour une convention qui, bien souvent, en fait, n'en est pas une, se manifestent notamment en ce qui concerne les amendes édictées par le règlement d'atelier. Si abusives ou excessives soient-elles, elles sont une des clauses de cette prétendue convention, qui fait la loi des parties : les juges ne se reconnaissent pas plus le droit de les modifier, que celui de modifier le chiffre du salaire même.

A plus forte raison s'abstiennent-ils de contrôler l'emploi du produit des amendes, notre législation ne comportant à cet égard non plus aucune obligation pour le patron, sauf dans un seul cas, celui de l'article 6 de la loi du 29 juin 1894 sur les caisses de secours et de retraite des ouvriers mineurs : « La caisse de chaque société de secours sera, — dit cet article, — alimentée par : ... 5° le produit des amendes encourues pour infraction aux statuts et de celles infligées aux membres participants par application du règlement intérieur de l'entreprise ».

Ce texte isolé, déjà vieux de trente-deux ans, eût pu devenir l'amorce d'une disposition générale réglementant l'emploi du produit des amendes. Il n'en a rien été jusqu'ici.

Ainsi, tant pour le règlement d'atelier que pour les amendes, notre législation, même complétée par notre jurisprudence, est d'une indi-

---

[1] Arrêt de la Chambre civile du 18 décembre 1917 (D. 18, 1, 51).

gence extrême, si on la compare à la législation locale des trois départements recouvrés, que nous allons sommairement analyser.

En ce qui concerne les ouvriers de fabrique, le Code industriel [1]
oblige tout patron d'un établisssement industriel occupant au moins
vingt ouvriers à avoir un règlement d'atelier ; avant de le mettre en
vigueur ou de le modifier, il est tenu de prendre l'avis des ouvriers
majeurs de l'établissement ou de la délégation ouvrière permanente,
s'il en existe une dans l'établissement. Dans les trois jours de la mise
en vigueur du règlement, ou d'une modification à ce règlement, il
est tenu d'en donner communication à l'autorité administrative,
avec indication des observations faites par les ouvriers ; cette communication est faite aux fins non d'homologation, mais de contrôle :
l'autorité administrative le rappelle, s'il y a lieu, à l'observation des
lois et règlements. L'affichage du règlement d'atelier et sa remise à
l'ouvrier lors de l'embauchage sont obligatoires. Il n'entre en vigueur
que deux semaines (c'est la durée du délai-congé) après qu'il a été
édicté. Il doit obligatoirement indiquer les heures de travail et de
repos, l'époque et le lieu de la paie, le délai-congé, la nature et le taux
des pénalités qui peuvent être infligées à l'ouvrier, l'emploi des sommes
pouvent être retenues sur les salaires. Il peut facultativement contenir d'autres prescriptions concernant notamment l'organisation
du travail et la conduite des ouvriers. Etabli dans ces conditions, le
règlement d'atelier est obligatoire tant pour le patron que pour les
ouvriers.

La même réglementation s'applique à tout local de vente ouvert
au public où vingt commis ou apprentis au moins sont occupés [2].

Quant aux entreprises minières, la loi d'Alsace et de Lorraine du
16 décembre 1873 [3] les soumet, en ce qui concerne le règlement d'atelier, à des prescriptions plus détaillées encore, mais qui ne diffèrent
pas essentiellement de celles que nous venons de résumer.

La caractéristique de la législatoin locale en notre matière est donc
que l'obligation s'y rencontre partout, dès que l'établissement compte
plus de vingt travailleurs. Le contraste est complet avec notre absence
totale de réglementation.

Même contraste pour les amendes entre la liberté sans bornes dont
jouit le patron en l'état actuel de notre législation et la réglementation stricte dont elles sont l'objet dans la législation locale.

Le Code industriel [4] en limite impérativement le taux à la moitié
du salaire journalier, sauf lorsqu'elles sanctionnent des infractions
particulièrement graves [5], auquel cas leur maximum peut atteindre

---

[1] Gewerbeordnung, art. 134 *a* et suivants.
[2] Gewerbeordnung, art. 139 k.
[3] Articles 74¹ à 74⁹.
[4] Articles 134 b et suivants.
[5] Voies de fait contre des compagnons de travail, violation de prescriptions
relatives à la sécurité, etc...

le salaire d'une journée de travail. Elles doivent obligatoirement être prévues au règlement d'atelier (taux, mode de perception, affectation du produit), l'ouvrier ne pouvant se voir infliger d'autres peines disciplinaires que celles indiquées par ce règlement. Il est obligatoirement tenu registre des amendes infligées : les autorités chargées de l'inspection en peuvent prendre connaissance. Enfin toutes les amendes « doivent être employées au mieux des intérêts des ouvriers de l'entreprise ». La loi réserve d'ailleurs expressément le droit de l'employeur lésé par la faute de l'ouvrier à être indemnisé de ce dommage.

Nombre de législations étrangères [1] ont, depuis longtemps, pris en matière de règlements d'atelier et d'amendes des dispositions analogues. Certaines (par exemple, loi anglaise du 4 août 1896) ont purement et simplement interdit l'amende disciplinaire.

L'enquête ouverte par notre ministère du travail indique que du côté patronal on est hostile et du côté ouvrier favorable à l'idée de rendre obligatoire l'établissement d'un règlement d'atelier dans les entreprises d'une certaine importance. Les adversaires de cette obligation soutiennent que la forme du règlement d'atelier pas plus qu'aucune autre ne saurait être imposée pour la conclusion du contrat de travail, puisque l'art. 19, L. I du Code du travail laisse les parties libres de choisir à leur gré la forme de ce contrat ; et qu'au surplus, vu la diversité des entreprises, il n'est guère possible de prescrire légalement ce que devra contenir ce règlement. Les partisans de cette obligation estiment que l'existence d'un règlement d'atelier prévient des différends ; qu'il n'est d'ailleurs pas nécessaire de le soumettre à des dispositions aussi nombreuses et aussi compliquées que celles du code industriel allemand ; mais qu'il y a lieu d'obliger le chef d'entreprise à ne prendre ce règlement que d'accord avec son personnel, à le déposer au secrétariat du Conseil des prud'hommes et à l'afficher dans l'établissement.

Quant aux amendes, la minorité des Chambres de commerce, mais la grande majorité des Conseils de prud'hommes se prononcent en faveur de la fixation légale d'un taux maximum [2]. Quelques réponses, même parmi celles des Chambres de commerce, sont en faveur de l'interdiction pure et simple des amendes. Sur l'emploi obligatoire du produit des amendes dans l'intérêt des ouvriers, les Chambres de commerce sont partagées ; les Conseils de prud'hommes, à la majorité de plus des 2/3, y sont favorables.

Le projet gouvernemental du 12 juillet 1906 consacrait un titre III au règlement d'atelier. Il ne le déclarait pas obligatoire ; mais il énumérait les points sur lesquels ce règlement, quand il y en aurait un, devrait statuer, « dans la mesure, — ajoutait prudemment le texte, —

---

[1] Lois suisses du 23 mars 1877 et du 30 mars 1911 ; loi belge du 15 juin 1896 ; loi norvégienne du 10 septembre 1907 ; loi hollandaise du 13 juillet 1907.

[2] Le taux indiqué par les réponses recueillies au cours de l'enquête varie de 10 0/0 à 100 0/0 du salaire journalier.

que comporte la nature de l'entreprise ». Cette énumération comprenait notamment le mode de détermination et de paiement du salaire, les droits et les devoirs du personnel de surveillance, le délai-congé, les pénalités et particulièrement les amendes, avec indication de leur taux et de leur emploi. Le projet instituait en outre la consultation obligatoire des ouvriers avant que le règlement ne fût définitivement arrêté, l'affichage et un délai au moins égal au délai-congé avant que le règlement n'entrât en vigueur.

Vers cette même époque (1904-1906) votre Commission du contrat de travail s'occupa du règlement d'atelier. Mais il résulte du rapport de M. Perreau et du procès-verbal des discussions, que, s'étant alors donné pour tâche d'élaborer des textes destinés à prendre place dans le Code civil, la Commission s'abstint volontairement d'élaborer et de vous proposer aucune disposition de caractère spécial et réglementaire. Son effort tendit principalement à atténuer l'inconvénient essentiel qu'elle reconnaissait au règlement d'atelier, — à savoir qu'il était l'œuvre de la volonté unilatérale du patron, — en obligeant expressément celui-ci à faire connaître ce règlement en temps utile à l'ouvrier et à prouver, le cas échéant, que l'ouvrier en avait eu connaissance effective. D'où le texte d'un article IX adopté en 1905 par la Commission [1]. En 1906, elle formulait en un article 38 de son projet, l'une des conséquences du caractère contractuel qu'elle s'était efforcée de donner au règlement d'atelier [2].

Quant aux amendes, elle les prévoyait et les réglementait dans l'article 29 de ce projet [3].

---

[1] « Les conditions que l'employeur aura insérées dans un règlement d'atelier ou de travail ne sont réputées acceptées par l'employé qui conclut le contrat de travail, que si elles ont été régulièrement publiées et si l'employeur établit qu'elles ont été mises à la connaissance personnelle de l'employé. Les modifications apportées aux conditions du contrat de travail par voie de règlement d'atelier ou de travail ne sont réputées acceptées par l'employé que sous les conditions indiquées au paragraphe précédent » (Rapport de M. Perreau, *Bulletin Société Etudes législatives*, 1905, p. 503).

[2] « Les modifications apportées au contrat individuel de travail pendant son exécution par voie de règlement d'atelier ou de travail, équivalent à la rupture du contrat par la volonté de l'employeur, à moins qu'il ne soit intervenu un accord entre les parties, ou qu'à défaut d'accord un délai égal à celui du délai-congé ne se soit écoulé entre le moment où le règlement d'atelier a été porté à la connaissance des employés et celui où il a été mis en vigueur ».

[3] « Les fautes de l'employé peuvent être sanctionnées par des amendes dont la cause et le chiffre sont déterminés par le règlement d'atelier ou de travail et homologuées soit par le bureau de jugement du Conseil des prud'hommes statuant en dernier ressort, soit, pour les employés qui ne sont pas soumis à cette juridiction, par le juge de paix.

« Le montant de chacune de ces amendes ne doit jamais, pour chaque employé, excéder le dixième de sa rémunération quotidienne et leur total le dixième de chaque paie.

« Les amendes peuvent, dans les proportions ci-dessus, et dans les limites

Quel parti convient-il de prendre aujourd'hui sur les questions que pose le questionnaire officiel ?

En premier lieu il n'a pas paru à votre Commission qu'il fût opportun d'imposer aux établissements occupant plus d'un certain nombre d'ouvriers l'obligation d'avoir un règlement d'atelier. Il y aurait inconvénient, semble-t-il, à passer brusquement et sans transition du régime de laisser-faire pur et simple, qui est jusqu'ici le nôtre, au régime de règlementation obligatoire à outrance qui est celui de la Gewerbeordnung. On ne pourrait guère s'en tenir en effet à prescrire que, dans tout établissement occupant plus d'un nombre donné d'ouvriers, il y ait un règlement d'atelier, sans plus : car le patron tournerait aisément cette obligation en affichant, pour la forme, un règlement ne contenant que quelques dispositions insignifiantes. On serait donc nécessairement conduit, — comme l'a fait logiquement la Gewerbeordnung, — à indiquer quelles devront être, obligatoirement, les matières à réglementer ainsi. L'accueil que cette réglementation à outrance a trouvé à la Commission permanente du Conseil supérieur du Travail démontre que les milieux intéressés n'y sont nullement favorables. Le règlement d'atelier continue d'être vu d'un mauvais œil, en tant du moins qu'il est, — sur des points souvent essentiels, — un complément du contrat de travail extérieur à ce contrat, c'est-à-dire non discuté librement entre les parties, mais imposé par l'une d'elles. Là est et demeure son vice radical, comme l'avait fort bien discerné la Société d'Etudes législatives en 1906. Tant que ce vice n'aura pas été corrigé ou atténué, l'obligation ne se justifiera pas et rencontrera une résistance insurmontable.

Votre Commission estime donc que la réponse à la première question posée par le questionnaire officiel doit être négative ; par voie de conséquence, la seconde question ne se pose plus.

Le règlement d'atelier reste ainsi, comme devant, licite, mais facultatif. Il continuera d'exister, en fait, toutes les fois que le chef d'entreprise jugera nécessaire à la bonne marche de son établissement une réglementation intérieure.

Est-ce à dire que l'on doive, en pareil cas, continuer de laisser le chef d'entreprise entièrement libre d'édicter cette réglementation quand et comme bon lui semble ? Non, puisque l'expérience démontre qu'il y a des abus. C'est ici, de l'avis de votre Commission, que le législateur doit faire à l'obligation sa part, en prescrivant les conditions dans lesquelles devra être pris le règlement d'atelier.

Ces conditions ont paru à votre Commission pouvoir être résumées dans le texte que voici :

déterminées par l'art. 17, être retenues sur la paye qui suit immédiatement le moment où elles ont été infligées ou, au plus tard, sur la paie suivante.

« Mais elles ne doivent jamais être attribuées à l'employeur. Leur produit est utilisé au profit des employés de l'établissement dans des conditions déterminées comme ci-dessus par le Conseil des prud'hommes ou le juge de paix.

« Toute convention contraire est nulle ».

« *Tout projet de règlement d'atelier ou de modification à un règlement existant est porté à la connaissance du personnel intéressé par voie d'affichage d'une durée d'au moins huit jours. Il est en même temps communiqué pour information à l'inspecteur du travail.*

« *Pendant ce délai de huitaine tout ouvrier ou employé de l'établissement peut adresser ses observations au chef d'entreprise.*

« *Le règlement, définitivement arrêté est adressé à l'inspecteur du travail et n'entre en application qu'au bout d'un délai égal au délai-congé, à partir de la date de son affichage.*

« *Tant qu'il demeure en vigueur, ce règlement doit être affiché dans les locaux d'embauchage et dans ceux de travail. Un exemplaire en est remis à tout ouvrier lors de son embauchage* » [1].

Cette réglementation, par la publicité même qu'elle donne au règlement d'atelier, notamment sous la forme d'une communication à l'inspecteur du travail, et par l'intervention qu'elle provoque du personnel intéressé, semble propre à mettre un frein aux abus et à éliminer du règlement d'atelier les clauses léonines ; d'autre part elle est une garantie que l'ouvrier ne pourra ignorer les dispositions de ce règlement et que, s'il les accepte expressément ou tacitement, ce sera en connaissance de cause.

Votre Commission ne croit pas que l'on puisse, quant à présent, dépasser ce stade de réglementation et légiférer sur ce que devra contenir obligatoirement le règlement d'atelier, à la manière de l'art. 134 b de la Gewerbeordnung. Il semble plus sage d'attendre, afin de vérifier par l'expérience si le règlement d'atelier élaboré dans les conditions nouvelles qu'indique le texte proposé s'acclimatera. Dans l'affirmative, il deviendra peut-être opportun de pousser plus loin la réglementation.

Quant aux amendes [2], l'opinion a été soutenue, au sein de votre Commission, qu'il convenait de les interdire purement et simplement, attendu qu'il est inadmissible que l'une des parties contractantes s'arroge le droit d'infliger une pénalité à l'autre. Cette raison n'a pas paru péremptoire ; elle n'avait déjà point semblé décisive à la Commission de 1906, dont le rapporteur sur cette question fut M. Truchy. En effet la solution radicale que l'on propose ainsi aurait l'inconvénient d'obliger le patron à recourir à une sanction plus rigoureuse, telle que la mise à pied ou le renvoi : l'ouvrier n'y gagnerait rien, bien

---

[1] Le Conseil supérieur du Travail, dans sa session de novembre 1926, a émis l'avis suivant : « Il n'y a pas lieu de rendre le règlement d'atelier obligatoire dans notre pays. Mais là où il existe, l'affichage du règlement d'atelier dans les lieux d'embauchage doit être obligatoire. Tout règlement d'atelier ou toute modification à un règlement existant doit faire l'objet d'un dépôt au Conseil des prud'hommes ».

[2] Il s'agit des amendes disciplinaires et non des « retenues pour malfaçon » (par exemple, dans les mines, des retenues pour charbon sale ou pour benne insuffisamment chargée), dont la raison d'être n'est pas contestable et qui ne sont remplaçables par aucune autre sanction.

au contraire, et d'autre part l'organisation technique du travail en pourrait être troublée. Enfin le problème actuel étant de concilier deux législations qui, l'une et l'autre, admettent l'amende, il serait d'une mauvaise méthode, en même temps qu'inopportun, de la supprimer

Votre Commission estime donc qu'il faut se borner à prévenir l'abus des amendes en en réglementant l'application. C'est dans cet esprit qu'elle vous soumet les dispositions suivantes :

« Aucune amende ne peut être infligée, si elle n'est prévue par le règlement d'atelier, qui en indique le chiffre et les conditions d'application.

« Le montant total des amendes infligées dans une même quinzaine à un même travailleur ne peut dépasser le dixième de sa paye de quinzaine.

« Il est tenu par le chef de l'entreprise un registre des amendes indiquant les ouvriers auxquels elles sont infligées, la date, le motif et le chiffre de chacune d'elles ; ce registre doit être communiqué à l'inspecteur du travail sur sa demande.

« Le produit des amendes ne peut être employé qu'au profit des ouvriers ou employés de l'établissement. Cet emploi est contrôlé par l'inspecteur du travail » [1].

---

[1] Le Conseil supérieur du Travail, dans sa session de novembre 1926, s'est prononcé, au sujet des amendes, dans les termes suivants : « Le Conseil supérieur, constatant que les amendes n'existent pas ou bien ont été supprimées dans la plupart des professions, émet l'avis que les amendes soient interdites. Si leur maintien apparaissait indispensable dans des cas exceptionnels, ce maintien devrait être subordonné aux conditions ci-après : les amendes ne pourraient être prévues que pour les manquements à la discipline et aux prescriptions relatives à l'hygiène et à la sécurité des travailleurs. Leur taux devrait être fixé par un règlement d'atelier régulièrement établi. Le total des amendes infligées dans la même journée ne pourrait excéder le tiers du salaire journalier. Le produit des amendes devrait être affecté à une caisse de secours en faveur des travailleurs intéressés ».

BAR-SUR-SEINE, IMP. SAILLARD. — L. GOUSSARD, SUCC^r

www.ingramcontent.com/pod-product-compliance
Ingram Content Group UK Ltd.
Pitfield, Milton Keynes, MK11 3LW, UK
UKHW022150170726
13837UKWH00004B/1897